Sana e in forma con l'autofagia

Come potenziare la sua salute, perdere grasso corporeo, prevenire le malattie e apparire più giovane con l'autofagia

Sebastian Thiele

CONTENUTI

Cosa può aspettarsi da questo libro.............................1

La cella - il più piccolo multiplo comune...................4

   Un breve profilo...4

   Il DHL delle cellule.................................... 10

Riciclaggio in Mini......................................13

   La ricerca dell'indipendenza 13

   Autofagia - Autodecomposizione................. 15

Il grande desiderio di guarigione...................19

   Demenza 19

   Cancro.. 20

   Invecchiamento 22

   Diabete.. 23

   Cervello... 24

   Atrofia muscolare e osteoporosi................. 28

Fai da te 30

   Come potenziare l'autofagia 30

   Il veloce 32

   Sport... 34

   Sirtfood... 36

   Cibo.. 37

Spermidina 39

Il percorso verso l'obiettivo 41

    1. Pianificazione.................................... 42

    2. Iniziare.. 43

    3. non si arrenda................................ 45

    4. impazienza 47

    5. Attenzione.................................... 49

    6. cosa sta ancora aspettando?.......... 52

Autofagia contro pandemia 53

Al punto...58

Cosa può aspettarsi da questo libro

Cosa pensa quando sente la parola riciclaggio? Sono sicuro che pensa immediatamente ad alcune cose che hanno a che fare con la conservazione della natura, il riutilizzo di materie prime non degradabili o il riciclaggio dei rifiuti e degli scarti. Potrebbe voler interrompere la lettura qui, perché non vuole ricevere lezioni sulla protezione del clima e sulla sostenibilità più di quanto non lo siano già i media. Ma sapeva che anche il nostro corpo ha milioni di piccoli "centri di riciclaggio"? Certo, all'inizio l'intera faccenda sembra molto poco plausibile, ma più si va avanti nella lettura di questo libro - e ne vale davvero la pena - più si rimane impressionati e ci si rende conto di quale capolavoro sia il nostro corpo e di quanto si possa ancora imparare da esso e su di esso.

Poiché voi lettori probabilmente non siete tutti allo stesso livello di conoscenza, potete leggere di più sul processo metabolico dell'organismo nelle cellule e sul background biologico nelle prime pagine del libro, prima di passare all'argomento vero e proprio: il processo di riciclaggio delle cellule, noto anche come autofagia. Ma affinché non rimetta subito il libro a posto perché ne ha già avuto abbastanza di cellule a scuola e non ha capito nulla, ecco il via libera:

Non deve avere paura di complicati processi chimici e biologici o di un gergo complicato con frasi incredibilmente contorte. Nella saggia previsione che queste piccole cellule, che determinano tutta la sua vita in modo incredibile, non sono così facili da capire, il libro la conduce lentamente e gradualmente sempre più in profondità nell'argomento e, dopo una parte teorica facile da capire anche per i non addetti ai lavori, può imparare ancora di più sui benefici pratici dell'autofagia in medicina e persino diventare attivo e fare

qualcosa per la sua salute. Quindi, cosa sta aspettando?
Inizi e scopra come può già fare qualcosa contro la demenza, il cancro e la vecchiaia.

La cella - il più piccolo multiplo comune

UN BREVE PROFILO

Prima che le cose inizino davvero, potrebbe chiedersi che cos'è esattamente una cellula. Forse ricorda anche le lezioni di biologia a scuola e il mnemonico spesso ripetuto "I mitocondri sono le centrali elettriche delle cellule". Ma è qui che le cose si fanno difficili. Il nucleo cellulare, il reticolo endoplasmatico, l'apparato di Golgi e molto altro ancora probabilmente non le sono nemmeno venuti in mente spontaneamente, anche se senza tutti questi piccoli componenti non sarebbe in grado di tenere in mano questo libro, di leggerlo e tanto meno di vivere. Per rinfrescare un po' la memoria e forse aggiungere una o due cose, troverà qualche spiegazione in più nelle pagine seguenti. Ma affinché non diventi troppo complesso all'inizio, può anche paragonare la cellula a una grande fabbrica e forse visualizzare meglio come e cosa accade nella cellula.

In una cellula, ci sono molti organelli individuali, ognuno dei quali ha un compito diverso. Nella sua fabbrica, gli organelli corrispondono a singoli reparti che lavorano insieme per garantire il funzionamento della fabbrica nel suo complesso. L'organello cellulare più importante è il **nucleo della cellula**, dove il DNA viene immagazzinato e copiato. Queste copie vengono poi convertite in aminoacidi e proteine per creare organelli cellulari o informazioni, e rimangono all'interno della cellula, oppure vengono utilizzate per la duplicazione cellulare. Per la sua fabbrica, il nucleo cellulare sarebbe come l'**ufficio del capo**, che contiene le istruzioni per tutte le fasi di lavoro e le informazioni importanti per i singoli reparti. Ora può copiare alcune di queste istruzioni e informazioni per distribuirle alle postazioni di lavoro all'interno della fabbrica, oppure può utilizzare l'intera copia per costruire una nuova seconda fabbrica. Come si può vedere, senza un nucleo cellulare, nulla funziona nella cellula, perché se mancano le istruzioni per tutte le fasi di base, non è possibile svolgere alcun lavoro.

Anche le già citate "centrali elettriche delle cellule", i **mitocondri,** sono molto importanti per la cellula. Questi forniscono alla cellula l'energia sufficiente per svolgere con successo tutti i suoi compiti. Nella sua fabbrica, i mitocondri potrebbero essere gli snack e i pranzi al sacco per i dipendenti o l'energia per le macchine sotto forma di elettricità.

Diventa importante anche il **reticolo endoplasmatico**, che forma le proteine e le inoltra all'**apparato di Golgi, in modo che** possano essere rilasciate dalla cellula o incorporate nella cellula stessa. I due organelli insieme sono quindi quasi come un piccolo ufficio postale che inoltra i prodotti sviluppati nella fabbrica ad altre fabbriche che ne hanno bisogno in quel momento, oppure distribuisce i prodotti nella propria fabbrica per supportare i reparti o svolgere ulteriori fasi di lavoro.

Quando si parla di autofagia, tuttavia, non bisogna dimenticare i **lisosomi**, che scompongono le sostanze non necessarie in modo che le materie prime risultanti possano essere riutilizzate. Tuttavia, i lisosomi non solo possono scomporre le sostanze proprie della cellula, ma anche assorbire le sostanze dall'ambiente e 'riciclarle' o, nel caso di sostanze tossiche o aggressori come batteri o virus, distruggerle e scomporle nelle loro singole parti. Nella sua fabbrica, un sistema del genere sarebbe sicuramente un vantaggio, in quanto non dovrebbe acquistare tutto nuovo, potrebbe risparmiare materie prime e denaro e persino proteggere la sua fabbrica da aggressori e hacker.

Per riassumere ancora una volta, ricordiamo che il nucleo della cellula fornisce le informazioni, i mitocondri forniscono l'energia, il reticolo endoplasmatico e l'apparato di Golgi insieme fungono da posta e distribuiscono i prodotti e le informazioni dal nucleo della cellula all'interno della cellula o all'esterno, e i lisosomi sono gli 'ecologisti' che non vogliono buttare via nessuna materia prima senza prima verificare che non sia davvero più utilizzabile. Tutti gli organelli sono strettamente collegati tra loro e non appena una parte non funziona più e non può essere riparata, l'intera cellula viene distrutta.

Ma aspetti, prima di continuare a leggere, deve conoscere una parte molto importante delle cellule che costituisce la base di tutti i processi metabolici, perché senza una **parete cellulare** che protegge la cellula dall'ambiente circostante, tutto questo non sarebbe possibile. Dopotutto, nella sua fabbrica sono necessari anche alcuni muri, porte e finestre, in modo che nessuno possa entrare nella fabbrica e prendere ciò che gli serve. Deve anche proteggere la sua fabbrica da influenze ambientali come la pioggia, la neve, il calore o persino una tempesta o un'alluvione. E certamente non vuole che i suoi prodotti si diffondano in modo incontrollato in tutta l'area e che alla fine non rimanga nulla. Lo stesso vale per le cellule, perché non vogliono che venga rubato loro qualcosa, che vengano danneggiate dalle condizioni ambientali o che i prodotti cellulari che sono stati faticosamente prodotti vengano distribuiti senza avere una funzione. Ogni cellula ha quindi sviluppato una piccola parete che la protegge da tutte queste cose. Se la regione cellulare viene inondata di sostanze nutritive, ad esempio, la cellula può proteggersi da questo e decidere da sola, tramite i canali nella sua parete, quanto lasciarne passare o meno. Questo vale anche per il trasporto fuori dalla cellula, in quanto le cellule possono anche produrre cose di cui non hanno bisogno, ma che sono necessarie solo in altre aree. Se poi la cellula vuole rilasciare qualcosa all'esterno, può aprire i suoi canali ed esportare le sostanze desiderate.

Si può immaginare come un enorme organismo diviso in tante piccole unità. Se l'organismo mette a disposizione delle sostanze, ogni unità può decidere da sola se ha bisogno o meno di questa sostanza. E se l'organismo si rende conto che manca qualcosa in una sua parte, può anche sensibilizzare le altre parti e chiedere alle unità di sostenersi a vicenda. Non è incredibile quanto possano fare queste piccole cellule? Non sarebbe un esempio da cui l'economia globale potrebbe prendere spunto?

IL DHL DELLE CELLULE

Ora che ha imparato molto sulle cellule e ha rinfrescato un po' le sue conoscenze, può approfondire l'argomento e guardare al metabolismo e al trasporto nella cellula. Come forse può immaginare, la cellula non può produrre da sola tutti i prodotti di cui ha bisogno, ma deve anche assorbire le cose dall'ambiente e incorporarle nella cellula. Dopo tutto, una fabbrica non può funzionare senza uno scambio costante con l'ambiente, sotto forma di importazioni ed esportazioni. Vengono costantemente consegnate nuove materie prime e spediti prodotti finiti. Ed è proprio così che funziona nella cellula. Esistono diversi tipi di trasporto, che può vedere più da vicino qui di seguito.

Prima di tutto, l'assorbimento nella cellula, l'**endocitosi,** che può essere ulteriormente suddivisa in pinocitosi e fagocitosi. Probabilmente questi termini le sembreranno inizialmente molto complessi e si chiederà come potrà capire tutto questo. Ma non si preoccupi, l'intera faccenda è più semplice di quanto sembri e le basterà una breve panoramica dei singoli tipi di trasporto. La differenza tra i due tipi di assorbimento risiede in realtà solo nel tipo di sostanza che viene assorbita. La pinocitosi coinvolge prodotti solubili, mentre la fagocitosi comporta l'assorbimento di particelle intere, batteri, corpi estranei e simili oggetti più grandi. Come piccola mnemonica, può anche ricordare che la pinocitosi è la parola più corta e quindi vengono ingeriti prodotti più piccoli. La fagocitosi, invece, è la parola più lunga e le particelle più grandi vengono ingerite nella loro interezza. E l'endocitosi in generale significa sempre che qualcosa viene trasportato all'interno delle cellule.

Un'altra opzione di trasporto è la **transcitosi,** che trasporta le sostanze solo attraverso una cellula senza rilasciarle nella cellula rispettiva. La sostanza viene quindi assorbita da un lato e rilasciata dal lato opposto. In questo momento, si può paragonare la cellula a un piccolo ostacolo e, poiché sarebbe più complicato e forse impossibile aggirare questo ostacolo a causa delle cellule vicine, la sostanza viene semplicemente incanalata. Non è incredibile ciò che la cellula può fare?

L'ultimo trasporto importante è l'**esocitosi**, attraverso la quale vengono convogliate all'esterno le sostanze prodotte nella cellula e necessarie in altre parti del corpo. Nella sua azienda, questo sarebbe l'esportazione di prodotti finiti o di prodotti che vengono ulteriormente lavorati in altri stabilimenti.

Quindi ci si rende conto che il trasporto cellulare può essere differenziato tra endocitosi, transcitosi ed esocitosi, mentre l'endocitosi può anche essere suddivisa in pinocitosi e fagocitosi. Quindi non è così complicato come sembra a prima vista. Ma cosa c'entra tutto questo trasporto con i numerosi centri di riciclaggio di cui ha sentito parlare prima? Potrà trovare la risposta a questa domanda legittima nei prossimi capitoli, molto interessanti e sorprendenti.

Riciclaggio in Mini

LA RICERCA DELL'INDIPENDENZA

Da bambino e ora da adulto, probabilmente ha spesso pensato di voler svolgere tutti i compiti da solo e idealmente fare tutto alla perfezione e senza aiuto. Voleva essere indipendente e dimostrare a chi la circondava che era abbastanza forte da affrontare tutti gli ostacoli da solo. Ad essere onesti, ci sono molti vantaggi nel padroneggiare le cose da soli e non dipendere dagli altri e avere bisogno di aiuto. Ed è proprio questa indipendenza che le sue cellule cercano di ottenere. La dipendenza dagli altri rende le cellule vulnerabili e instabili, perché non appena si perde una fonte importante, l'intero organismo non funziona più. Inoltre, proprio come nella sua fabbrica, tutti i trasporti di cui ha imparato a parlare prima non avvengono senza perdite. Non solo i carichi possono essere danneggiati durante il trasporto, ma questo richiede tempo e costa materie prime ed energia. I prodotti devono essere imballati di conseguenza, devono essere trasportati e non sarebbe molto più bello se tutto potesse avvenire nella cella e le cellule fossero indipendenti, proprio come lei desidera?

E questo è esattamente ciò di cui si è occupata la natura, che ha esaudito il desiderio delle cellule, dotando ogni cellula del proprio sistema di riciclaggio, in modo che possa riutilizzare i prodotti che non sono più necessari, creando così un ciclo in cui le altre cellule e i loro prodotti non svolgono alcun ruolo.

AUTOFAGIA - AUTODECOMPOSI-ZIONE

Lo scienziato giapponese Yoshinori Ösumi è stato persino insignito del Premio Nobel per la sua scoperta del processo di autofagia, che, tradotto come autodecomposizione, suona molto scoraggiante. Quando iniziò la sua ricerca nei primi anni '90, solo pochi scienziati stavano lavorando su questo argomento, quindi Yoshinori Ösumi aveva un percorso chiaro per scoprire tutto ciò che sta per scoprire nei prossimi minuti.

Nascosto dietro il termine autofagia, difficile da capire, c'è un processo intracellulare in cui i prodotti propri della cellula, difettosi o non più necessari, vengono scomposti. Ciò consente alla cellula di utilizzare in modo ottimale tutte le risorse e di non sprecare nulla, poiché le cellule non possono permettersi di farlo. Attraverso un processo molto complesso, questi prodotti di scarto vengono impacchettati nei cosiddetti autofagosomi, che poi si fondono con i lisosomi e diventano autolisosomi.

Ma prima di approfondire, il punto più importante da ricordare è che gli autolisosomi mantengono in equilibrio la disgregazione dei vecchi prodotti cellulari e la produzione di quelli nuovi. Ciò consente alle cellule di ringiovanire continuamente, semplicemente scomponendo i componenti vecchi e usurati nelle loro singole parti e poi riassemblandoli. Non sarebbe bello se anche gli esseri umani fossero in grado di farlo? Niente rughe fastidiose dovute all'età, niente articolazioni doloranti, niente altre malattie della vecchiaia, ma l'eterna giovinezza. Sicuramente l'avrà sognato prima o poi. E vedrà che, anche se l'autofagia più attiva non le darà l'eterna giovinezza, porterà molti altri benefici se sosterrà e attiverà ulteriormente il sistema di riciclaggio proprio del suo corpo.

L'autofagia è sempre attiva nelle cellule in stato normale e funziona in background. Tuttavia, in situazioni estreme, come un danno cellulare estremo, la cellula può persino avviare l'apoptosi o la morte cellulare autofagosomiale. Ciò significa che si distrugge e rilascia le sue risorse alle cellule circostanti. Quello che all'inizio sembra un programma di suicidio piuttosto radicale, in realtà è un'invenzione ingegnosa per garantire la sopravvivenza di un intero organismo. E questo va anche a vantaggio del sistema immunitario, perché l'autofagia può anche neutralizzare agenti patogeni come virus e batteri. In questo modo, le cellule possono impedire ai virus o ai batteri che sono entrati nel corpo di diffondersi ulteriormente.

Purtroppo, però, anche l'autofagia raggiunge i suoi limiti a un certo punto e non può più essere utilizzata dalle cellule come vorrebbero. Con l'età, questo processo continua a diminuire e nelle cellule si accumulano rifiuti intracellulari, che non possono più essere riciclati o possono essere riciclati solo lentamente. Se l'autofagia viene inibita, si verifica un disastro cellulare, poiché molte malattie si basano su una ridotta capacità di autofagia, in quanto è così che si sviluppano malattie come il diabete, l'Alzheimer o il Parkinson; anche i tumori e le malattie infettive hanno vita facile a causa di questo fallimento.

Può osservare un ciclo che potrebbe riconoscere dalla sua casa. Non appena lascia qualcosa in giro e mette da parte il riordino e la pulizia per qualche giorno, una settimana dopo si ritrova in un appartamento con oggetti in giro in ogni angolo, attirando letteralmente il disordine. È la stessa cosa - o almeno quasi - nelle sue cellule. Non appena si accumulano i primi prodotti di scarto che non possono più essere scomposti così rapidamente, l'intero equilibrio viene scombussolato e sempre più rifiuti si accumulano nelle cellule e sempre meno possono essere scomposti.

Ma può ritenersi fortunato, perché la ricerca avviata da Yoshinori Ōsumi ha messo in moto un piccolo

ciclo che sembra diventare sempre più grande: la ricerca di modi per mantenere l'autofagia ad un livello
elevato fino alla vecchiaia. Ma prima di precipitarsi a
incorporare le possibilità già studiate nella sua vita
quotidiana, pieno di entusiasmo per l'azione e con la
speranza di prolungare il più possibile il processo di invecchiamento delle sue cellule, nel prossimo capitolo
scoprirà l'opportunità di fare progressi medici signifi-
cativi nel trattamento di alcune malattie grazie a questa
scoperta.

Il grande desiderio di guarigione

DEMENZA

La demenza è una malattia che colpisce principalmente le persone anziane ed è caratterizzata da dimenticanza, disorientamento e difficoltà a svolgere le attività quotidiane. Dopo un'approfondita ricerca, gli scienziati e i medici hanno scoperto che la malattia è spesso causata da una mancanza di apporto di sangue al cervello, causata da un disturbo circolatorio. Questo fa sì che le proteine tossiche si uniscano e portino a un restringimento dei vasi sanguigni, per cui solo una parte dei nutrienti necessari raggiunge il cervello. Tuttavia, con la ricerca sull'autofagia, potrebbe essere stato trovato un modo per prevenire l'insorgenza della demenza, in quanto questo sistema di riciclaggio può aiutare le cellule cerebrali a ripulirsi e a distruggere le proteine tossiche. In questo modo si evita la formazione di aderenze e si elimina almeno questa causa della malattia. Se ora incrementa il metabolismo e l'autofagia delle sue cellule, può cercare di prevenire la demenza in fase iniziale.

Purtroppo, la ricerca in questo settore è ancora agli inizi e molto è ancora sconosciuto. Tuttavia, gli scienziati sono già d'accordo sul fatto che un aumento dell'autofagia porta a un minor rischio di sviluppare la demenza e può anche essere usato come terapia per rallentare la progressione di una malattia esistente.

CANCRO

Sin dalla scoperta e dalla comprensione dell'autofagia, i ricercatori oncologici hanno avuto la certezza che questa proprietà cellulare è di enorme importanza quando si tratta di capire i tumori, perché per curare il cancro e i tumori, è necessario prima capire il processo del loro sviluppo, che è stato a lungo incompreso e che ancora oggi non è del tutto compreso. Tuttavia, grazie a un esperimento di laboratorio su topi le cui cellule non erano in grado di svolgere la normale autofagia, i medici e gli scienziati hanno già scoperto che la mancanza di questa capacità porta effettivamente alla comparsa di tumori molto più frequenti e spontanei.

Ma purtroppo non è così semplice, perché il problema è che l'autofagia disfunzionale può anche contribuire al cancro e aiutare i tumori a crescere. L'autofagia disfunzionale significa che la funzione originale di pulizia delle cellule e di riciclaggio dei prodotti di scarto è stata trasformata. Le cellule tumorali colpite hanno preso il sopravvento e segnalano ai lisosomi, responsabili dell'autofagia, cosa devono fare. Ciò consente alle cellule tumorali di produrre prodotti dalle sostanze riciclate che sono utili per loro e contribuiscono alla loro proliferazione. Possono persino lottare contro la chemioterapia, scomponendo la tossina introdotta nelle cellule e producendo così nuove materie prime. Tutto questo ha messo inizialmente i medici in una posizione molto difficile e hanno dovuto valutare se fosse sensato o meno promuovere l'autofagia.

Diversi studi hanno poi analizzato come alcuni fattori che stimolano l'autofagia influenzino la terapia del cancro o il decorso della malattia. Un team di scienziati ha scoperto che le sostanze contenute nel tè verde hanno dimostrato di sostenere l'autofagia, che porta alla morte delle cellule tumorali. Altri ricercatori hanno studiato l'efficacia del digiuno sui tumori e hanno scoperto che il digiuno intermittente può effettivamente sostenere la chemioterapia e aiutare a proteggere le cellule sane, perché riciclando i prodotti di scarto, le cellule sane possono liberarsi delle loro scorie e ricavarne nuova energia, che le aiuta a combattere le cellule tumorali. Inoltre, le cellule sembrano tollerare meglio la chemioterapia se i pazienti smettono di mangiare qualche ora prima del trattamento e riprendono a mangiare solo qualche ora dopo.

L'autofagia può quindi non solo aiutare a prevenire il cancro, ma anche consentire ai medici di sperimentare nuove opzioni terapeutiche che potrebbero forse anche prevenire la progressione di un tumore aggressivo e non operabile.

INVECCHIAMENTO

Sicuramente nessuno di voi ama pensare all'aspetto che avrà tra venti o trent'anni e a cosa avrà fatto il processo di invecchiamento. Questo è comprensibile, perché a nessuno piace immaginare come si vivrà con le rughe, l'osteoartrite e tutti i tipi di malattie legate all'età. Ma ancora una volta, lo scienziato giapponese Yoshinori Ōsumi ha reso possibile una piccola fuga da questo processo, scoprendo l'autofagia. Se aumenta il metabolismo dell'autofagia, le sue cellule possono scomporre più rapidamente i prodotti di scarto e costruire nuovi organelli cellulari dalle materie prime riciclate.

Ora che gli scienziati hanno scoperto che il processo di autofagia nelle cellule diminuisce con l'età, si può concludere che si può ritardare l'avanzare dell'età stimolando ulteriormente le cellule all'autofagia e facendo in modo che i prodotti di scarto possano continuare ad essere smaltiti rapidamente. Ciò significa che non solo può prevenire la demenza o il cancro, ma può anche prolungare la sua vita di qualche anno.

DIABETE

Avrà sicuramente sentito parlare dei numerosi rischi del diabete e saprà anche che il pancreas non produce abbastanza insulina in questa malattia, con conseguente aumento del livello di zucchero nel sangue. I pazienti affetti devono quindi misurare regolarmente i livelli di zucchero nel sangue e iniettare insulina se questi livelli sono troppo alti.

Ma per contrastare il diabete di tipo 2, in particolare, l'autofagia è ancora una volta di particolare importanza. Gli scienziati hanno scoperto in diversi studi che l'autofagia protegge le cellule beta del pancreas, responsabili della produzione di insulina. Tuttavia, se l'autofagia manca o non funziona più pienamente, queste cellule beta possono essere danneggiate e persino smettere di produrre insulina, causando così il diabete. Attivando il metabolismo cellulare, è quindi possibile sia prevenire il diabete che invertire il diabete di tipo 2 stesso, cosa che non sarebbe possibile con la sola dieta, come spesso viene raccomandata per il diabete.

CERVELLO

L'autofagia, o meglio la cessazione dell'autofagia nel cervello, ha un effetto alquanto sorprendente per gli scienziati. I ricercatori della Charité e del Leibniz-Forschungsinstitut für Molekulare Pharmakologie (FMP) hanno studiato intensamente l'autofagia e sono giunti alla conclusione che nelle cellule in cui l'autofagia e quindi il processo di riciclaggio è stato spento da un trucco genetico, non ci sono più rifiuti cellulari e proteine inutilizzabili, come ci si aspettava, ma una maggiore quantità di reticolo endoplasmatico. Oltre alla sua funzione di posta cellulare, come avete appreso in precedenza, questo è anche responsabile dell'immagazzinamento del calcio nelle cellule. Un maggior numero di reticolo endoplasmatico porta quindi a una maggiore quantità di calcio nelle cellule, che a sua volta porta al rilascio di più neurotrasmettitori e all'esposizione delle cellule nervose a un'enorme sovraeccitazione.

Poiché l'autofagia svolge un ruolo centrale nel mantenimento delle cellule e consente di abbattere rapidamente le molecole danneggiate, errate o estranee, è particolarmente importante nel cervello e nelle cellule nervose. A differenza di molte altre cellule del corpo, le cellule nervose non possono essere completamente rinnovate. La accompagnano per tutta la vita e se un nervo si lacera, può essere riparato solo chirurgicamente. Questo fa capire quanto sia importante che le cellule nervose siano preservate e non distrutte da organelli errati o danneggiati. L'autofagia impedisce anche che troppe proteine si accumulino nelle cellule nervose, causandone l'agglomerazione, come avviene nelle malattie neurodegenerative. Tuttavia, gli scienziati ora sospettano che questo effetto protettivo possa avere cause completamente diverse. All'FMP, hanno fatto una scoperta sorprendente attraverso una ricerca su topi giovani e sani:

Per studiare l'effetto dell'autofagia, gli scienziati hanno utilizzato un trucco genetico per spegnere l'autofagia nelle cellule nervose del cervello e poi hanno analizzato in dettaglio il contenuto proteico di queste cellule. Così facendo, si sono resi conto che le proteine che erano effettivamente sicure di essere degradate dall'autofagia non erano arricchite nelle cellule, come altrimenti ci si sarebbe aspettati. Invece, hanno trovato qualcosa nelle cellule alterate che è stato quasi più sorprendente per loro, perché hanno trovato una maggiore quantità di reticolo endoplasmatico, che serve come deposito di calcio in tutte le cellule e regola la trasmissione dell'eccitazione nelle cellule nervose. Tuttavia, è stato proprio questo importante deposito di calcio ad essere danneggiato nelle cellule alterate e i ricercatori hanno potuto dimostrare che la funzione di tampone del calcio del reticolo endoplasmatico non funzionava più correttamente. Pertanto, non era più in grado di assorbire completamente il calcio libero e nella cellula nervosa rimaneva più calcio libero.

Questo a sua volta porta all'iperattività delle cellule, che emettono continuamente neurotrasmettitori e si trovano in realtà in uno stato di eccitazione permanente. Se l'autofagia avesse funzionato in queste cellule, il reticolo endoplasmatico danneggiato sarebbe stato presumibilmente rinnovato rapidamente e le cellule non sarebbero state danneggiate. Tuttavia, nel caso di un tale fallimento funzionale, il reticolo endoplasmatico che non funziona più correttamente rimane e inonda la cellula di trasmettitori.

Fino ad ora, i ricercatori hanno ipotizzato che una minore autofagia significhi anche che vengono rilasciati meno trasmettitori a causa dei rifiuti cellulari rimanenti e degli organelli danneggiati e quindi sono rimasti completamente sorpresi dai risultati dello studio. Tuttavia, ora sanno che quando c'è una mancanza di autofagia, sono presenti molti più neurotrasmettitori e le cellule sono quindi meno malleabili e muoiono anche per sovraeccitazione. Questo potrebbe portare a un aumento del tasso di morte cellulare nelle aree cerebrali colpite e forse anche a una perdita di funzionalità.

Gli scienziati non sanno ancora molto sulle esatte conseguenze mediche e non si può dire molto sul suo coinvolgimento in malattie come l'Alzheimer o la demenza. Tuttavia, questa nuova scoperta ha suscitato l'interesse di ricercatori e medici, che sono certi che in futuro avrà un impatto importante sul trattamento delle malattie degenerative del sistema nervoso.

ATROFIA MUSCOLARE E OSTEO-POROSI

Come ultimo punto sull'applicazione medica dell'autofagia, può leggere qui l'atrofia muscolare e l'osteoporosi, che si verificano principalmente in età avanzata, ma possono anche essere innescate da una malattia in giovane età. Tuttavia, i ricercatori hanno ora scoperto che l'autofagia svolge un ruolo importante nella progressione e nel trattamento di entrambe le malattie, in quanto il sistema di riciclaggio proprio dell'organismo scompone i prodotti vecchi o inutilizzabili e può anche decomporre intere cellule. Dalle sostanze risultanti si possono poi produrre nuove cellule e componenti cellulari e una cellula difettosa o infetta non può infettare altre cellule.

In questo modo si conserva una massa muscolare e ossea più sana e l'osteoporosi e l'atrofia muscolare possono essere ritardate o addirittura fermate del tutto. Tuttavia, è anche importante notare che il digiuno e il deficit calorico, che portano all'attivazione dell'autofagia, possono anche far mancare all'organismo nutrienti importanti come le proteine, le proteine e il calcio, aggravando così entrambi i problemi. Quindi, quando è a digiuno e in deficit calorico, si assicuri di fornire

comunque al suo corpo nutrienti sufficienti e non eli-
mini completamente dalla sua dieta importanti alimenti di base.

29

Fai da te

COME POTENZIARE L'AUTOFAGIA

Ma ora, dopo tutte queste informazioni interessanti, arriva alla parte in cui può agire in prima persona. Vuole sostenere le sue cellule, rallentare il processo di invecchiamento e fare qualcosa per la sua salute? Allora deve leggere attentamente e memorizzare i consigli. E non si preoccupi, non è una grande arte sostenere le sue cellule con l'autofagia e ci sono solo alcuni punti che parlano a favore di un tentativo.

Innanzitutto, un breve riassunto di quando l'autofagia è particolarmente attiva: I processi autofagici hanno luogo in tutte le cellule in qualsiasi momento. Nella vita quotidiana, la loro attività è piuttosto bassa e trascurabile. Le cellule fanno solo ciò che è necessario e sono più disposte ad assorbire nuove risorse dall'ambiente.

Tuttavia, alcuni fattori possono ristagnare notevolmente l'autofagia. Oltre alle situazioni di stress e ai danni irreparabili alle cellule che portano alla morte cellulare, questo include anche la mancanza di nutrienti. In particolare, quando mancano gli aminoacidi, la cellula inizia a riciclare maggiormente i propri prodotti di scarto e a rifornire gli organelli non necessari. Tuttavia, se ci sono abbastanza aminoacidi e altri nutrienti nell'ambiente, la cellula non deve necessariamente attingere alle proprie riserve e può anche assorbire nuove sostanze dall'ambiente. Ed è proprio a questo punto che lei stesso può diventare attivo e sostenere le sue cellule nell'autofagia dei prodotti di scarto. Ma prima di tutto: non è necessario smettere di mangiare e morire di fame per giorni e giorni per ottenere un effetto. Continui a leggere e scopra quali piccoli cambiamenti può apportare oggi stesso.

IL VELOCE

Probabilmente avrà sentito parlare del famigerato programma di digiuno intermittente e forse l'avrà anche provato personalmente. Tuttavia, se non è così, ecco una breve spiegazione: il digiuno intermittente, come suggerisce il nome, consiste nel digiunare per un certo periodo di tempo e mangiare durante il resto del tempo. La variante più conosciuta è probabilmente il metodo 16/8, in cui si digiuna per 16 ore al giorno e si mangia per otto ore. Tuttavia, è importante notare che ovviamente non deve mangiare per tutte le otto ore, ma distribuire i pasti in questo periodo. Ciò significa che spesso mangerà automaticamente di meno e che il corpo avrà anche abbastanza tempo nelle 16 ore successive per digerire adeguatamente il cibo mangiato e assorbire il maggior numero possibile di sostanze nutritive.

Inoltre - come bonus, per così dire - può utilizzare i prodotti di scarto del suo corpo, perché durante le 16 ore di digiuno il corpo continua ad avere bisogno di sostanze nutritive, che può quindi produrre dai propri prodotti inutilizzati a causa della mancanza di cibo e quindi riordinare le cellule e utilizzare i rifiuti.

Se rimane senza cibo per un periodo di tempo più lungo, il livello di insulina rimane costantemente basso e il suo corpo riceve il segnale che non è stata assunta abbastanza energia dall'esterno. Di conseguenza, il suo corpo deve trovare altri modi per ottenere l'energia di cui ha bisogno e inizia ad attingere alle proprie riserve energetiche. Una volta esaurite le capacità energetiche delle cellule adipose, il corpo cerca altre fonti di energia e inizia a demolire le strutture cellulari danneggiate e vecchie, il che ci riporta all'autofagia. Al contrario, si può anche dire che se si mangia frequentemente ed eccessivamente, questo processo viene inibito e accade esattamente il contrario, perché il corpo assorbe così tanta energia che non sa cosa farne e quindi inizia ad accumulare riserve di grasso per prepararsi a tempi peggiori.

Per riassumere, si può dire che il digiuno e la riduzione delle calorie determinano un aumento del metabolismo cellulare e le cellule riciclano i rifiuti cellulari attraverso l'autofagia. Tuttavia, è molto importante ricordare che non bisogna mai digiunare troppo o accumulare un enorme deficit calorico, perché il corpo dipende dai nutrienti e dall'energia provenienti dall'esterno e non può produrre molti prodotti da solo. E certamente non vuole che l'autofagia trasformi le sue cellule in piccole cellule spazzino che si avventano su tutto ciò che le ostacola. Sebbene l'autofagia stimolata sostenga il sistema immunitario, quest'ultimo può anche soffrire molto se mancano vitamine e nutrienti importanti, che si ottengono solo con l'alimentazione.

SPORT

Un altro modo per sostenere il proprio processo di riciclaggio nelle cellule è - come potrebbe essere altrimenti - lo sport. Se guarda indietro di qualche millennio e pensa a come si viveva nell'Età della Pietra, può rendersi conto che non esistevano palestre, club sportivi o simili e che lo sport non era necessariamente un hobby, ma piuttosto la chiave per la sopravvivenza. Se non era in grado di correre velocemente o di opporsi a un aggressore, spesso perdeva la corsa contro una tigre dai denti a sciabola o la battaglia per il cibo, per esempio. Lo sport e lo sforzo fisico erano quindi una situazione molto più stressante per l'organismo, che inviava segnali alle cellule per mobilitare energia supplementare dalle riserve di grasso. Di conseguenza, le cellule sono state spinte a utilizzare maggiormente i propri prodotti di scarto, ottenendo così energia e nutrienti.

Ora, naturalmente, non è necessario trovarsi in una situazione simile e scappare da un orso o da una tigre per ottenere lo stesso effetto. Come ha dimostrato uno studio sui topi, un regolare esercizio di resistenza è sufficiente per mantenere attiva l'autofagia. In questo studio, due gruppi di topi sono stati alimentati con una dieta ipercalorica e ricca di grassi per un periodo di 13 settimane. Al primo gruppo è stato permesso di rimanere pigro durante questo periodo e di non muoversi quasi mai, mentre il secondo gruppo è stato mandato regolarmente su un tapis roulant e incoraggiato a fare esercizio. Al termine del periodo, i topi sono stati esaminati e i ricercatori hanno scoperto che i topi del gruppo uno avevano guadagnato una quantità significativa di peso e anche i loro valori ematici erano peggiorati. Nel gruppo due, invece, né il peso né i valori del sangue sono cambiati negativamente e l'autofagia era ancora ad un livello elevato. Quindi, la prossima volta che sta pensando se andare o meno in palestra, pensi al fatto che non solo rilascia gli ormoni della felicità e la fa sentire più in forma e meglio dopo, ma anche che le permette di anticipare il processo di invecchiamento e di liberare le sue cellule da tutta la zavorra.

SIRTFOOD

A questo punto, probabilmente si starà chiedendo cosa sia e come possa essere qualcosa da incorporare attivamente nella sua vita quotidiana. Ma dietro questo termine complesso c'è in realtà qualcosa di molto semplice: i sirtfood sono alcuni alimenti che possono influenzare il metabolismo e il processo di invecchiamento grazie a determinati ingredienti. Ma prima che pensi di dover cambiare tutta la sua dieta e che i cibi sirtfood sono costituiti solo da verdure, ecco un elenco di alcuni alimenti che rientrano tra i cibi sirtfood: Oltre ad alcuni tipi di frutta e verdura come fragole, peperoncini, cipolle, cavolo e mirtilli, sono inclusi anche noci, grano saraceno, cioccolato con almeno l'80% di cacao e persino caffè e vino rosso. Quindi non deve cambiare molto la sua dieta e può godersi il prossimo bicchiere di vino rosso o pezzo di cioccolato ancora di più se si ricorda che sta facendo qualcosa di buono per il suo corpo. Ma faccia attenzione! Troppo vino rosso o cioccolato tendono a essere un ostacolo e a ridurre l'attività delle sue cellule.

Tutti questi alimenti contengono attivatori di sirtuine che possono aumentare il metabolismo e, insieme a un deficit calorico, contribuire in modo ottimale all'attivazione delle autofaghe. Ma ancora una volta, ricordi che molto non sempre aiuta molto. Non esageri e, soprattutto, non cambi troppo in una volta sola. Probabilmente si tratterà di un grande cambiamento per il suo corpo, che dovrà avere l'opportunità di abituarsi a tutti i passaggi nel corso del tempo. Questo la aiuterà a ottenere i migliori risultati e a continuare per molto tempo. Se cambia tutto da un giorno all'altro, probabilmente esaurirà le energie dopo poche settimane e smetterà di provare. Perché non utilizza il piano settimanale che troverà qui di seguito come guida e pensa a come trasferirlo nella sua vita quotidiana.

CIBO

Oltre ai cibi sirtfood, ci sono altri alimenti che possono sostenere il metabolismo e che può facilmente incorporare nella sua routine quotidiana, come noci, funghi, mele, pere e caffè nero che stimolano l'autofagia. Tuttavia, quando si tratta di caffè, si assicuri che questo valga solo per il caffè nero. Il latte contiene proteine e questo nutriente inibisce l'attività di riciclaggio delle cellule.

Ecco alcuni altri alimenti in evidenza:

Nel caso del **caffè**, non è necessariamente la caffeina a stimolare l'autofagia nelle cellule, ma i ricercatori sospettano che siano alcuni antiossidanti a creare questo beneficio. Non è necessario digiunare per ottenere l'effetto attivante, ma può anche includere una tazza di caffè nella sua normale routine quotidiana, se non vuole iniziare subito il digiuno. E prima di non riuscire più a dormire a causa della caffeina, può anche bere caffè decaffeinato, perché come ha appena letto, l'effetto attivante non è dovuto alla caffeina, ma piuttosto ad alcuni antiossidanti.

L'olio d'oliva ha anche un effetto attivante sul metabolismo e un comprovato potenziale anti-cancro, che presumibilmente può essere attribuito al suo antiossidante più importante, l'oleuropeina. La prova sorprendente di questo effetto si trova in un villaggio dell'Italia meridionale, dove più di 300 persone hanno vissuto oltre 100 anni e molti anziani non hanno mostrato quasi nessun segno di malattie come demenza o ictus. Perché non incorporare un po' più di cucina mediterranea nella sua dieta e sostenere le sue cellule con un pizzico di olio d'oliva?

La curcuma è arrivata anche nella cucina europea e, oltre al suo colore giallo brillante, contiene anche curcumina, una sostanza importante per attivare le cellule. Se si combina la curcuma con il pepe nero durante la cottura, si ottiene un effetto ancora migliore e si può addirittura assorbire una quantità di curcumina 20 volte superiore. Quindi, cosa c'è di male in un curry ben condito con un tocco di pepe nero e curcuma?

SPERMIDINA

L'ultima opzione per attivare i suoi autofagi è la molecola spermidina, che è stata scoperta per la prima volta nel liquido seminale umano e anni dopo è stata trovata anche in tutte le altre cellule del corpo. Questa molecola ha la proprietà di rallentare il processo di invecchiamento, aumentando i livelli di proteine nelle cellule. Tuttavia, la concentrazione diminuisce con l'aumentare dell'età, motivo per cui la spermidina supplementare dovrebbe essere messa a disposizione dell'organismo in età avanzata attraverso alimenti come legumi, funghi, germe di grano o formaggi stagionati. Tuttavia, in genere non si consiglia di ricorrere agli integratori alimentari, ma di assumere la spermidina in modo naturale.

Uno studio che ha analizzato la concentrazione di spermidina nel sangue, a seconda dell'età, ha rilevato che la concentrazione, che è ancora ad un livello elevato all'età di 31-56 anni, diminuisce significativamente all'età di 60-80 anni. Nel gruppo di studio di età compresa tra 90 e 106 anni, invece, è stata nuovamente determinata una concentrazione elevata, che ha persino superato il valore dei soggetti di età compresa tra 31 e 51 anni. Lo studio suggerisce quindi che le poche persone che raggiungono questa età lo fanno in relazione ad un'alta concentrazione di spermidina e ad un alto livello di attività di autofagia.

Il percorso verso l'obiettivo

Nelle ultime pagine, ha imparato molto su come attivare il riciclo nelle sue cellule e probabilmente è seduto sul bordo della sedia pieno di energia e pronto a iniziare. Ma prima, faccia un passo indietro e pensi a ciò che ha imparato e a ciò che può e vuole implementare nella sua vita quotidiana. Non ha senso riempire immediatamente la sua lista di cose da fare e stravolgere completamente la sua vita. Prenda invece le cose per gradi e lavori su un elemento alla volta.

1. PIANIFICAZIONE

Prima di iniziare con l'attuazione esatta, faccia un piano e pensi a ciò che sta già facendo inconsciamente nella sua vita quotidiana che attiva gli autofagi. Sicuramente troverà uno o due alimenti nella sua cucina e lo sport sarà sicuramente presente nella sua vita quotidiana in un momento o nell'altro. Allora si renda conto ancora una volta dei miglioramenti che un tale cambiamento può portarle e della facilità con cui può ottenerli. Valuti anche se le piacerebbe affrontare il "progetto autofagia" insieme a qualcuno, in modo da sostenersi a vicenda e fare sport o cucinare insieme. Un cambiamento di questo tipo è sempre un po' più facile in coppia o in un piccolo gruppo e si possono anche condividere le esperienze reciproche.

Infine, deve anche considerare se ha qualche problema di salute di cui deve tenere conto in un senso o nell'altro. Non tutti i corpi sono adatti al digiuno, ad esempio, e naturalmente deve tenere conto anche di eventuali intolleranze.

Una volta chiariti tutti questi punti, può iniziare con la prima parte.

2. INIZIARE

Dovrebbe utilizzare le prime settimane per orientarsi un po' e scoprire cosa si adatta a lei e alla sua vita quotidiana. Non le mancherà il tempo e in poche settimane potrà comunque iniziare ad avere un impatto sul suo corpo. Ma è meglio prendersi un po' più di tempo all'inizio, per elaborare un piano adeguato e verificare ciò che è giusto per lei. In questo modo le cose si svolgeranno in modo molto più fluido nella fase attiva e saprà su cosa potrà contare.

All'inizio, può continuare a fare le cose che ha già incorporato inconsciamente nella sua vita quotidiana e pianificarle più consapevolmente nella sua giornata. Quando si sente pronto, può anche avvicinarsi gradualmente al digiuno intermittente. Se ha già esperienza in questo campo, può ovviamente iniziare subito, ma se è alle prime armi, dovrebbe avvicinarsi agli intervalli più lunghi in modo graduale. Per iniziare, le consigliamo un intervallo di 12/12, che potrà poi estendere gradualmente. Poiché deve ancora affrontare la sua normale vita quotidiana, non deve esporre il suo corpo a troppe situazioni nuove e faticose in una volta sola. Ha tempo a sufficienza e non è un problema se non fa i progressi che desidera per qualche settimana. Alla fine, tutto si risolve sempre in modo diverso dal previsto.

Nelle prime settimane, quindi, è anche una buona idea prendere nota di ciò che ha cambiato e di come ha influito sulla sua giornata e su come si sente. Il cambiamento è stato positivo o negativo? Ha percepito un cambiamento? Funziona anche nei momenti in cui è più stressato? La cosa più importante in questa fase è non essere troppo sicuri di sé, ma ascoltare il suo corpo, perché le dirà sicuramente come si sente in merito a tutto. Se si rende conto che qualcosa non va bene per lei, non stringa i denti e combatta, ma cambi un po' il suo piano e prosegua su un nuovo percorso. Se in precedenza ha avuto poco a che fare con i punti per l'attivazione dell'autofagia, può anche essere utile scegliere un'area specifica da cui partire e iniziare con il digiuno, il deficit calorico, l'esercizio fisico o un cambiamento nella dieta. Naturalmente, tutti i punti vanno combinati, ma così come troppi cuochi rovinano il brodo, non otterrà un buon risultato a lungo termine se fa tutto in una volta.

3. NON SI ARRENDA

Come in tutte le cose, ci saranno momenti in cui vorrà buttare tutto all'aria e cancellare l'intero progetto. È proprio in queste fasi che dovrebbe ricordare a se stesso il motivo per cui sta facendo tutto questo. Come piccolo aiuto, può anche scrivere i punti e appenderli da qualche parte nella sua casa, dove potrà rileggerli più volte. E non dimentichi che tutti hanno una giornata storta e che le cose non vanno come previsto. Se ha una giornata così, è importante che ritorni alla routine nei giorni successivi. Non è un problema se salta l'esercizio fisico, se il digiuno non funziona come desidera o se ha una "giornata storta", è persino positivo se si premia con un buon pasto o se non segue completamente il piano, perché questo renderà il tutto più divertente in seguito e le sarà più facile attenersi ad esso.

L'unica regola è non buttare a mare il piano di attivazione dell'autofagia e dimenticare tutto ciò che si è imparato. Più ci si attiene al piano, più è facile per le cellule mantenere un livello costantemente elevato di attività metabolica. Tuttavia, se continua a passare dall'una all'altra parte e non ha la giusta struttura in tutto, le sue cellule saranno un po' sopraffatte e non otterrà il risultato desiderato. Quindi si ricordi che i giorni di pausa non sono un problema e che a volte può trascurare il suo piano. È normale perdere l'appetito di tanto in tanto e avere bisogno di un po' di varietà, ma torni sempre al suo obiettivo reale e aiuti le sue cellule a liberarsi da tutti i rifiuti.

4. IMPAZIENZA

Con tutti i cambiamenti che ha subito, probabilmente si aspetta o spera di sentire presto un cambiamento significativo. Tuttavia, deve ricordare ancora una volta quali sono i suoi obiettivi. Vuole contrastare il suo processo di invecchiamento, liberando le sue cellule da prodotti inutili, e vuole anche sostenere il suo sistema immunitario e prevenire le malattie della vecchiaia.

Sono tutti punti di cui si rende conto solo con il tempo o non se ne rende conto affatto. Dopotutto, non può sapere come sarebbero state le cose senza il suo nuovo stile di vita. Forse si sarebbe ammalato molto più spesso negli ultimi mesi, forse le sarebbe stata diagnosticata la demenza senile o sarebbe morto qualche anno prima. Purtroppo, non ha modo di saperlo. Forse sarebbe stato altrettanto bene con il suo vecchio stile di vita, come lo è ora. Ma se è una delle poche persone che non si ammala durante la stagione fredda, o se a 60 anni è ancora molto più in forma dei suoi amici e colleghi della stessa età, allora può essere certo che questo cambiamento ha contribuito. E prima di essere deluso dal fatto di non vedere alcun effetto diretto, continui a leggere.

L'esercizio fisico regolare la farà sentire meglio, sarà più rilassato e più produttivo. Lo sport costruisce anche i muscoli, brucia i grassi, rilascia gli ormoni della felicità e previene la depressione. Riesce a gestire meglio le fasi di stress sul lavoro o nella vita quotidiana e ad affrontare meglio i problemi. Inoltre, migliora nello sport ogni volta che si allena e può ottenere sempre di più. Non è fantastico quando continua a migliorare nel jogging, ad esempio, e riesce a percorrere distanze che un anno fa non aveva nemmeno sognato?

Se inoltre inserisce nel suo piano un deficit calorico, ossia consuma più calorie di quelle che assume, perderà i chili in eccesso e il suo corpo sarà generalmente più sano. Ma anche in questo caso, si assicuri di mangiare la giusta quantità e di non esagerare! Perdere peso troppo rapidamente non è salutare e non deve perdere troppo peso. Se ha già raggiunto un peso sano con cui si sente a suo agio, si attenga ad esso e cancelli questa voce dalla sua lista. Il corpo ha anche bisogno di molta energia e di nutrienti per costruire i muscoli, di cui lo priverebbe non mangiando abbastanza. Se il suo corpo non riceve questi nutrienti dall'esterno, inizierà a rompere da solo i muscoli sottoutilizzati, il che è l'opposto di ciò che vuole ottenere. Quindi la cosa importante da ricordare è: un deficit calorico va bene se non danneggia la sua salute o il suo corpo e se non rinuncia a troppe cose in una volta sola!

Un altro aspetto che noterà rapidamente è che è più equilibrato e conduce una vita generalmente più felice. Non è così facile da turbare e, poiché il suo corpo si sente meglio, anche lei e la sua mente vi sentite meglio. È incredibile quali effetti positivi possa avere il cambiamento di così poche cose, non è vero?

5. ATTENZIONE

Nel testo precedente, si è già imbattuto più volte in piccole avvertenze, che sono brevemente riassunte qui di seguito.

Cambiamento: è fantastico se vuole cambiare qualcosa nella sua vita e fare di più per la sua salute, ma ricordi che il suo corpo ha bisogno di tempo e si abituerà a tutto solo gradualmente. È meglio procedere per gradi e non fare tutto in una volta. In questo modo potrà anche verificare come il suo corpo reagisce alle singole fasi e se le tollera bene o meno.

Digiuno: prima di iniziare, deve assolutamente valutare fino a che punto questo è possibile con la sua vita quotidiana e il suo lavoro. Se ha un lavoro fisicamente impegnativo e ha bisogno di molta energia fin da giovane, il metodo 16/8 potrebbe non essere adatto a lei. Per iniziare, può anche scegliere singoli giorni in cui provare diversi metodi e vedere quale funziona meglio per lei.

Deficit calorico: è particolarmente importante non esagerare. Il suo corpo ha bisogno di molta energia durante il giorno solo per funzionare normalmente e se fa anche più sport, il suo fabbisogno calorico aumenterà ulteriormente. Quindi, prima di iniziare a ridurre le calorie, deve avere ben chiaro di quanta energia ha bisogno al giorno. Se ha già un peso sano, non lo riduca ulteriormente, ma cerchi piuttosto di aumentare i muscoli. Il corpo ha anche bisogno di molta energia e di nutrienti importanti come le proteine, che può assorbire attraverso il cibo. Se non è sicuro, chieda al suo medico di famiglia qual è la sua opinione e cosa le consiglierebbe.

Impazienza: naturalmente vuole essere ricompensato al più presto per il suo cambiamento e la sua rinuncia, ma non sia troppo impaziente, bensì presti attenzione ai piccoli cambiamenti positivi. Purtroppo, molti successi non saranno immediatamente visibili e avverranno in modo piuttosto inconsapevole, ma ne sia certo: la sua decisione è stata quella giusta e sta facendo qualcosa di buono per il suo corpo e la sua salute, prevenendo persino le malattie in età avanzata. Dia tempo al suo corpo: dopo tutto, ci vogliono diversi anni perché un seme diventi un albero fruttifero.

6. COSA STA ANCORA ASPET-TANDO?

Ora che ha imparato molto e sa come può sostenere le sue cellule per mantenere il processo di riciclaggio più a lungo, nulla le impedisce di avere una salute migliore e forse una vita più lunga. Ha tutte le informazioni necessarie e deve solo metterle in pratica. Perché non iniziare subito a cercare qualche ricetta adatta, pianificare la sua prossima sessione di esercizio fisico o trovare un club vicino a lei dove poter fare attività fisica in gruppo di tanto in tanto.

Si renderà presto conto che questo cambiamento non è poi così grande e lo integrerà automaticamente nella sua giornata. Dopo qualche mese, forse non sarà nemmeno in grado di immaginare come fosse prima, e sarà felice di aver scoperto questo libro e di non aver interrotto la lettura alla prima pagina quando si è iniziato a parlare di biologia, scuola e cellule. Faccia qualcosa per la sua salute e per quella degli altri e risplenda con le sue conoscenze alla prossima festa di famiglia o alla riunione con gli amici e incoraggi coloro che la circondano a entrare nel club dell'autofagia.

Autofagia contro pandemia

Infine, nell'ultimo capitolo, potrà conoscere i vantaggi di un'autofagia cellulare più attiva contro il coronavirus, perché anche nella situazione attuale, in cui il mondo è nel mezzo di una pandemia, l'importanza ricercata dei coronavirus sull'autofagia nelle cellule apre una nuova opzione terapeutica. Nella ricerca di possibili farmaci per combattere i gravi sintomi di un'infezione, i ricercatori di Berlino e Bonn hanno studiato congiuntamente l'effetto delle cellule virali sulle cellule del corpo e il modo in cui riprogrammano il metabolismo delle cellule in modo tale da aiutarle a diffondersi ulteriormente nel corpo. Attraverso questa ricerca, hanno scoperto che il SARS-CoV-2 può rallentare o addirittura interrompere completamente il meccanismo di riciclaggio delle cellule, interferendo con l'autofagia. Tuttavia, come già sapete, l'autofagia è importante per le cellule per abbattere i prodotti di scarto e gli invasori cellulari e produrre nuove sostanze.

In uno studio, gli scienziati hanno poi fatto la scoperta decisiva che il virus utilizza gli organismi e le strutture cellulari e manipola persino il metabolismo, simulando alla cellula la disponibilità di cibo sufficiente. Ciò significa che non è necessario che la cellula avvii il processo di autofagia e quindi ricicli nuove sostanze utilizzabili dai propri prodotti. I coronavirus sono quindi in grado di evitare la degradazione autofagica e possono sopravvivere più a lungo nell'ospite.

Grazie a questi risultati della ricerca, medici e scienziati potrebbero aver trovato un nuovo punto di partenza per una terapia. In seguito alle scoperte fatte sul legame tra i coronavirus e l'autofagia, hanno studiato una serie di sostanze attive che hanno dimostrato di stimolare l'autofagia, nella speranza di avere un effetto positivo e di contenere il virus.

E hanno effettivamente trovato quattro sostanze che si sono dimostrate efficaci contro il coronavirus, tutte già presenti sul mercato e utilizzate altrove in medicina. Oltre alla spermina e alla spermidina, che avete già imparato a conoscere, anche un farmaco antitumorale e la niclosamide, un farmaco contro i vermi solitari, hanno mostrato un effetto molto efficace. Il farmaco contro la tenia ha avuto l'effetto maggiore e la produzione di nuovi coronavirus nelle cellule è stata ridotta di oltre il 99%. Questa scoperta è un grande successo per i medici, poiché la niclosamide è già autorizzata e gli effetti collaterali e le possibili conseguenze a lungo termine sono già stati studiati intensamente e si conosce anche il dosaggio tollerabile, questo farmaco potrà presto essere prescritto anche contro i coronavirus e aiutare a contenere o addirittura prevenire un decorso grave della malattia.

Nell'ambito di uno studio clinico, gli scienziati di Berlino stanno studiando in che misura la niclosamide ottiene effetti positivi nei pazienti. Finora, l'efficacia è stata dimostrata solo in laboratorio e ora l'obiettivo è trovare un numero sufficiente di volontari per poter dimostrare un effetto positivo nei pazienti. Attualmente si sta avviando uno studio di fase 2, chiamato NIC-CAM, per verificare se e quanto la niclosamide sia efficace contro i coronavirus quando viene somministrata insieme al farmaco Camostat e, cosa almeno altrettanto importante, se i pazienti tollerano bene il farmaco. Purtroppo, ci vorrà un po' di tempo prima che i risultati dello studio vengano analizzati e che i farmaci possano essere utilizzati in questa combinazione contro i coronavirus. Ma fortunatamente, anche altri farmaci hanno mostrato un effetto.

In laboratorio, è stato dimostrato che quando è stata somministrata la spermidina, le cellule hanno prodotto l'85% in meno di particelle virali e quando è stata somministrata la spermina, la riduzione è stata ancora maggiore, pari al 90%. Questo risultato è meraviglioso, perché la spermina e la spermidina sono sostanze endogene che le cellule possono produrre da sole e che possono essere fornite anche attraverso alcuni alimenti. Questo promette quindi un alto livello di tollerabilità e l'autorizzazione di questi farmaci dovrebbe essere molto più rapida. Tuttavia, c'è un problema in questo caso, perché in laboratorio i ricercatori hanno utilizzato entrambe le sostanze in forma pura, che in quanto tale non è adatta all'ingestione come farmaco. In particolare, la spermidina si è dimostrata efficace solo ad una concentrazione molto elevata, che non può essere raggiunta solo attraverso una dieta speciale. Ci sono quindi ancora molte domande senza risposta su queste sostanze attive e gli scienziati hanno ancora molta strada da fare prima che la spermina e la spermidina possano effettivamente essere utilizzate come antidoti.

L'ultimo principio attivo menzionato, un farmaco antitumorale, è stato finora testato solo in laboratorio per i suoi effetti sia anticancro che anticorona. Ciò significa che l'autorizzazione nel prossimo futuro può essere esclusa fin dall'inizio. Tuttavia, in uno studio condotto presso l'ospedale Charité di Berlino, i medici hanno già potuto dimostrare che il farmaco antitumorale MK-2206 riduce la produzione di virus di circa il 90% e quindi ha anche un effetto efficace contro questo virus. Tuttavia, è ancora necessario verificare i possibili effetti collaterali del farmaco sui pazienti e l'effetto che si può ottenere a quale dose. Quindi c'è una luce alla fine del tunnel, ma il viaggio per arrivarci sarà ancora lungo e faticoso.

Al punto

Ora ha imparato molte cose nuove e potrebbe aver bisogno di rileggerne alcune. Ha imparato come sono strutturate le cellule e quali componenti sono fondamentali per la sopravvivenza cellulare. Ora sa anche quali possibilità mediche sono nate dalla ricerca sull'autofagia e che lo scienziato giapponese Yoshinori Ōsumi ha giustamente ricevuto il Premio Nobel per la sua ricerca. E soprattutto, ha imparato a sostenere le sue cellule e il suo sistema immunitario e a pianificare il percorso verso una vita più felice e più sana. Ora può iniziare a prevenire le malattie in età avanzata e assicurarsi una vita più lunga e attiva. Tutto questo perché le cellule amano essere organizzate e indipendenti, perché preferiscono liberarsi subito dei loro rifiuti e non vogliono sprecare nulla. Questo piccolo processo di autofagia, che probabilmente all'inizio le è sembrato molto astratto e per nulla cruciale per la sua salute, è un vero capolavoro e grazie a questa scoperta, la medicina cambierà in modo significativo nei prossimi anni e decenni.

E forse anche l'economia globale scoprirà un sistema di riciclaggio simile e inizierà a prendere le misure assolutamente necessarie per un clima migliore. Se non solo le più piccole sottounità dell'essere umano - le cellule - fossero così attente a non sprecare energia e materie prime e a correggere gli errori il più presto possibile, in modo da evitare ulteriori danni, ma anche l'intero organismo umano, probabilmente non ci sarebbe carenza di materie prime, montagne di rifiuti sempre più grandi, sacchetti di plastica usa e getta, frutta e verdura confezionata e molto altro ancora. L'umanità si trova quindi di fronte a una svolta importante non solo nel campo della medicina e del trattamento, ma speriamo presto anche nell'ambito dell'utilizzo delle materie prime e del consumo sostenibile delle risorse.

Forse desidera anche purificare il suo corpo e le sue cellule, nonché il suo ambiente e renderlo più sostenibile. Non solo sono sufficienti alcuni piccoli cambiamenti alle sue cellule per ottenere un effetto significativo, ma è anche possibile raggiungere la sostenibilità nella vita quotidiana. Come per le cellule, è importante che molte unità individuali lavorino insieme.

Non va bene se solo una cellula diventa più attiva, deve anche incoraggiare altre cellule nel suo ambiente a diventare più attive e a seguire il suo esempio. Anche lei può iniziare portando le sue borse nei negozi, acquistando apertamente frutta e verdura, andando di più in bicicletta e incoraggiando i suoi amici e familiari a partecipare. Questo motiverà sempre più persone e insieme si otterrà un grande effetto, anche se ogni individuo ha fatto solo un piccolo cambiamento. Perché non fa un piccolo gioco con la sua famiglia o la sua cerchia di amici? Chi di voi riesce a lasciare più spesso l'auto a casa? Chi acquista meno articoli confezionati quando fa la spesa? Chi utilizza l'imballaggio - solo se possibile, ovviamente - più di una volta? Le idee sono tantissime e sono molto più divertenti insieme che da soli. Non prenda da questo libro solo qualcosa per sé e per la sua salute, ma pensi anche all'ambiente e alle generazioni che verranno dopo di lei!